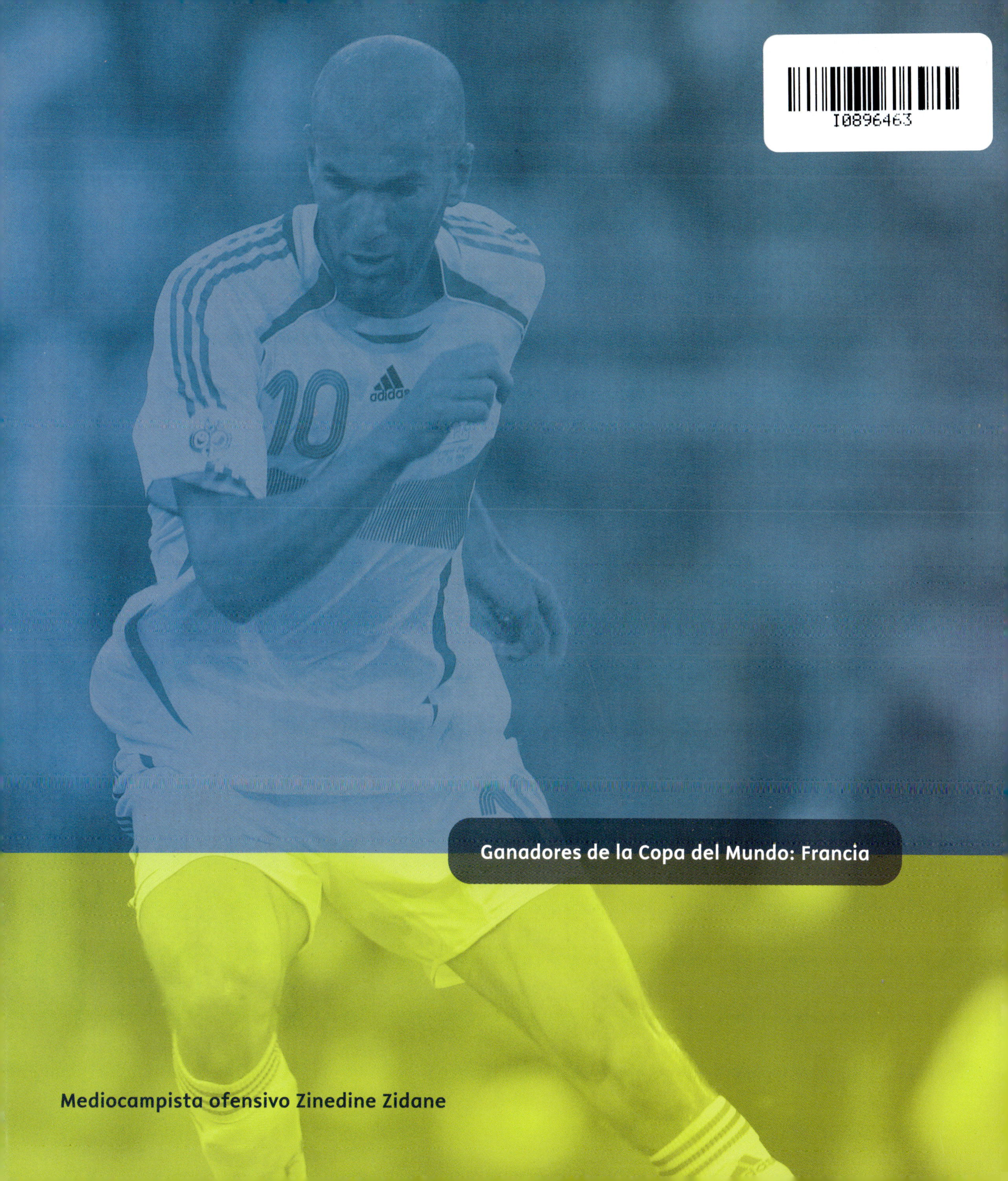

Ganadores de la Copa del Mundo: Francia

Mediocampista ofensivo Zinedine Zidane

Mediocampista Paul Pogba

GANADORES DE LA COPA DEL MUNDO

FRANCIA

JAMES BARRY

CREATIVE EDUCATION / CREATIVE PAPERBACKS

Publicado por Creative Education y Creative Paperbacks
P.O. Box 227, Mankato, Minnesota 56002
Creative Education y Creative Paperbacks
son sellos editoriales de The Creative Company
www.thecreativecompany.us

Diseño de Blue Design (www.bluedes.com)

Imágenes de Getty Images/Alex Livesey - Danehouse, portada, 7, Chris Brunskill/Fantasista, 16, David Cannon, 6, Henri Szwarc, 15, Marco Canoniero, 3, 10, Michael Mayhew/Sportsphoto/Allstar, 5, Mike Egerton - EMPICS, 20, Richard Sellers/Allstar, 1, Ulrik Pedersen/NurPhoto, 2; Unsplash/cyril mzn, 9; Wikimedia Commons/Agence de presse Mondial Photo-Presse, 24, Henri Manuel, 4, dominio público, 12, 19
Se ha hecho todo lo posible por contactar con los titulares de los derechos de autor del material reproducido en este libro. Cualquier omisión será rectificada en impresiones posteriores si se notifica al editor.

Library of Congress Cataloging-in-Publication Data
Names: Barry, James (Author of children's books), author.
Title: Francia / James Barry.
Other titles: France. Spanish
Description: Mankato, Minnesota : Creative Education and Creative Paperbacks, 2026. | Series: Creative sports. Ganadores de la Copa del Mundo | Includes index. | Audience: Ages 7-10 | Audience: Grades 2-3 | Summary: "Led by legendary midfielder Zinedine Zidane and teen sensation Kylian Mbappé, France has won two FIFA World Cups. This elementary-level title, translated into North American Spanish, follows "The Blue" as they kick their way into the hearts of fans worldwide"—Provided by publisher.
Identifiers: LCCN 2024053948 (print) | LCCN 2024053949 (ebook) | ISBN 9798889899006 (library binding) | ISBN 9781682779408 (paperback) | ISBN 9798889899792 (ebook)
Subjects: LCSH: Soccer—France—History—Juvenile literature. | Soccer teams—France—History—Juvenile literature. | World Cup (Soccer)—Juvenile literature.
Classification: LCC GV944.F8 B3818 2026 (print) | LCC GV944.F8 (ebook) | DDC 796.334/660944—dc23/eng/20241218
LC record available at https://lccn.loc.gov/2024053948
LC ebook record available at https://lccn.loc.gov/2024053949

Impreso en la India

Mediocampista defensivo Didier Deschamps

Mediocampista Michel Platini

CONTENIDO

El país del equipo 8

Tradiciones del equipo 11

Historia del equipo 13

Estrellas del equipo 18

Acerca de la selección nacional de Francia 22

Glosario 23

Índice alfabético 24

El país del equipo

Francia es el país más grande de Europa occidental. La capital de Francia es París. Es conocida como la "ciudad de la luz". Allí se encuentra la famosa Torre Eiffel.

El deporte más popular en Francia es el fútbol. Los fanáticos de todo el país apoyan a su equipo nacional. Es uno de los pocos equipos que ha ganado la Copa del Mundo. La Copa del Mundo es un torneo de fútbol a nivel mundial. Los países forman equipos con sus mejores jugadores. Cada cuatro años, compiten para convertirse en campeones del mundo.

FRANCIA

Delantero Olivier Giroud

Tradiciones del equipo

La selección nacional de Francia es conocida como "Les Bleus" por su camiseta azul. El símbolo del equipo es el gallo. Los jugadores lo han llevado en sus camisetas durante más de 100 años. Uno de los mayores **rivales** de Francia es Alemania. Son dos de las selecciones nacionales más exitosas del mundo. Se han enfrentado más de 30 veces.

La selección nacional de Francia en 1904

Historia del equipo

Francia jugó su primer partido en 1904. Fue un **amistoso** contra Bélgica frente a 1500 personas. Jules Rimet fue el líder del fútbol francés. Desempeñó un papel importante en la creación de la Copa del Mundo. El trofeo de la Copa del Mundo fue nombrado trofeo Jules Rimet en su honor.

En 1930, Francia anotó el primer gol en la historia de la Copa del Mundo. Francia tuvo muchos grandes equipos durante años. Sin embargo, no llegó a su primera final de la Copa del Mundo hasta 1998. Derrotó a Brasil 3-0 en su estadio local en París. El legendario mediocampista Zinedine Zidane fue el jugador del partido. Francia llegó a otra final de la Copa del Mundo en 2006. Sin embargo, perdió ante Italia en los penales. Zidane fue expulsado del partido por dar un cabezazo a un oponente.

Mediocampista ofensivo Zinedine Zidane

Delantero Kylian Mbappé

FRANCIA

En 2018, Francia ganó su segunda Copa del Mundo. Derrotó a Croacia 4-2 en la final. El joven **delantero** Kylian Mbappé se convirtió en el segundo adolescente, después de la leyenda brasileña Pelé, en anotar en una final de la Copa del Mundo. Mbappé llevó al equipo a otra final de la Copa del Mundo en 2022. Marcó un **triplete** contra Argentina. Sin embargo, Francia perdió el partido en los penales. Fue una de las finales más emocionantes en la historia de la Copa del Mundo.

Estrellas del equipo

Francia ha tenido muchas grandes estrellas en su historia. Just Fontaine anotó 13 goles en la Copa del Mundo de 1958. Esa sigue siendo la mayor cantidad de goles marcados por un solo jugador en una Copa del Mundo. El **mediapunta** Michel Platini fue uno de los mejores pasadores de la historia. Ganó el **Ballon d'Or** tres veces consecutivas en la década de 1980.

Delantero Just Fontaine

Delantero Thierry Henry

Didier Deschamps fue el capitán de Francia cuando ganó su primera Copa del Mundo en 1998. En 2018, Deschamps ganó la Copa del Mundo como entrenador. Es apenas el tercer jugador en la historia en lograrlo. El delantero Thierry Henry fue elegido Jugador del Año francés cinco veces, lo que es un récord. Mbappé sigue siendo el mejor jugador de Francia. Los fanáticos esperan que ayude a traer otra Copa del Mundo a Francia pronto.

Acerca de la selección nacional de Francia

Primer año: 1904

Colores del equipo: azul oscuro, azul, rojo, blanco

Estadio local: Stade de France

VICTORIAS EN LA COPA DEL MUNDO:

1998, 3-0 contra Brasil

2018, 4-2 contra Croacia

SITIO WEB DEL EQUIPO:

https://uk.fff.fr/

Glosario

amistoso: un partido que no es parte de un torneo

Ballon d'Or: un premio otorgado cada año al mejor jugador de fútbol del mundo

delantero: un jugador que principalmente ataca y marca goles, en lugar de defender

mediapunta: un jugador que controla el flujo del juego y realiza pases que conducen a goles

rival: un equipo que juega muy duro contra otro equipo

triplete: cuando un jugador anota tres goles en un partido

Índice alfabético

Argentina, 17
Bélgica, 13
Deschamps, Didier, 5, 21
Fontaine, Just, 18, 19
Henry, Thierry, 20, 21
Mbappé, Kylian, 16, 17, 21
París, 8, 14
penales, 14, 17
Platini, Michel, 6, 18
Rimet, Jules, 13, 24
Torre Eiffel, 8
Zidane, Zinedine, 1, 14, 15